ÉCOLES LIBRES

JURISPRUDENCE DU CONSEIL SUPÉRIEUR

DE

L'INSTRUCTION PUBLIQUE

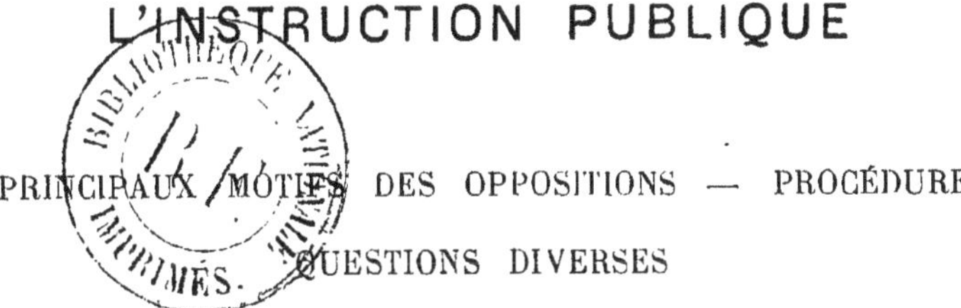

PRINCIPAUX MOTIFS DES OPPOSITIONS — PROCÉDURE

QUESTIONS DIVERSES

Extrait du *Bulletin de la Société Générale d'Éducation et d'Enseignement.*

PARIS

SOCIÉTÉ GÉNÉRALE D'ÉDUCATION ET D'ENSEIGNEMENT

35, RUE DE GRENELLE, 35

1896

ÉCOLES LIBRES

JURISPRUDENCE DU CONSEIL SUPÉRIEUR

DE L'INSTRUCTION PUBLIQUE

PRINCIPAUX MOTIFS DES OPPOSITIONS — PROCÉDURE — QUESTIONS DIVERSES

1. ÉCOLES LIBRES EN GÉNÉRAL. — La *déclaration* d'ouverture d'une école libre doit être faite au maire de la commune où cette école doit s'ouvrir. — Cette déclaration, énonçant la nature de l'école, est inscrite sur un *registre spécial*, tenu à la mairie, et signée par le déclarant et par le maire.

Le maire en établit quatre copies sur papier libre. L'une de ces copies est affichée pendant un mois à la porte de la mairie; les trois autres sont remises gratuitement au déclarant avec le récépissé de sa déclaration. (Art. 37, loi du 30 octobre 1886; art. 158 du décret du 18 janvier 1887.)

L'instituteur adresse une de ces copies au préfet, une autre au procureur de la république, qui doivent également lui en donner récépissé. (Art. 38, loi de 1886; art. 158, décret de 1887.)

Il adresse la troisième à l'inspecteur d'Académie, en y joignant : 1° son acte de naissance; 2° les pièces établissant qu'il est Français; 3° ses diplômes; 4° l'extrait de son casier judiciaire; 5° l'indication des lieux où il a résidé et des professions qu'il y a exercées pendant les dix années précédentes; 6° le plan des locaux affectés à l'établissement; 7° s'il appartient à une association, une copie des statuts de cette association. (Art. 38, loi de 1886; art. 158, décret de 1887.)

L'extrait du casier judiciaire doit être demandé, sur papier timbré, au greffe du tribunal civil de l'arrondissement où est né le déclarant. Il est dû 3 fr. 65 pour droits de greffe.

Il est important de retirer immédiatement récépissé des pièces envoyées ou remises à l'inspecteur d'Académie, car c'est la date de ce récépissé qui fixe le point de départ *du délai d'un mois* imposé avant l'ouverture de l'école. (Art. 38, loi de 1886; art. 160, décret de 1887.)

En cas de refus de l'un ou de l'autre des fonctionnaires sus-désignés de recevoir la déclaration ou de donner récépissé, le déclarant, lorsqu'il s'est exactement conformé à la loi, peut recourir à un huissier, soit pour leur faire faire sommation, soit pour dresser procès-verbal du refus. (Voir le

Bulletin de la Société d'Éducation, 1883, p. 666; 1887, p. 695.) Dans ces conditions, l'acte de l'huissier tient lieu de récépissé.

Sur la procédure à suivre au cas où l'ouverture de l'école est frappée d'opposition, voir le *Bulletin de la Société d'Éducation*, 1891, p. 161 à 185.

2. PENSIONNAT. — Pour ouvrir *un pensionnat*, les formalités sont les mêmes que pour ouvrir une école libre : toutefois, l'instituteur doit justifier, par son acte de naissance, qu'il a l'âge de vingt cinq ans requis par la loi (loi du 30 octobre 1886, art. 7); en outre, le plan qu'il est tenu de produire doit indiquer avec précision la destination et les dimensions des pièces, et être certifié conforme au local par le maire de la commune (art. 170, décret du 18 janvier 1887). L'instituteur qui veut ouvrir à la fois une école privée et un pensionnat peut accomplir simultanément les formalités prescrites tant pour le pensionnat que pour l'école. (Art. 171, décret de 1887.)

3. ÉCOLE MATERNELLE. — Pour ouvrir une *école maternelle* (salle d'asile), les formalités sont exactement les mêmes que pour ouvrir une école libre.

4. CLASSE ENFANTINE. — Pour annexer une *classe enfantine* à une école libre, il suffit d'en donner avis à l'inspecteur d'Académie. (*Bulletin administratif du Ministère de l'instruction publique*, n° 741, p. 340.)

5. ÉCOLE PRIMAIRE SUPÉRIEURE. — Pour ouvrir une *école primaire supérieure privée*, les formalités sont les mêmes que pour ouvrir une école primaire élémentaire privée : toutefois, le directeur doit justifier qu'il a l'âge de vingt-cinq ans, et qu'il possède le brevet supérieur et le certificat d'aptitude au professorat des écoles normales. (Art. 36, loi du 30 octobre 1886. — Art. 31, décret du 18 janvier 1887.)

6. COURS COMPLÉMENTAIRE D'ENSEIGNEMENT SUPÉRIEUR. — Pour annexer un *cours complémentaire d'enseignement supérieur* à une école primaire privée, la possession du brevet supérieur est seule exigée du directeur. (Art. 180, décret du 18 janvier 1887.)

7. COURS PRIVÉ POUR LES ADULTES. — L'ouverture d'un *cours privé pour les adultes* et pour les apprentis est soumise aux conditions exigées pour l'ouverture d'une école privée, sauf dispense de tout ou partie de ces conditions par le conseil départemental. (Art. 8, loi du 30 octobre 1886.)

CONDITIONS GÉNÉRALES AUXQUELLES DOIVENT SATISFAIRE LES LOCAUX DESTINÉS AUX ÉCOLES LIBRES

En principe, les locaux d'une école privée n'ont pas besoin d'être conformes aux indications données par les actes et règlements administratifs, notamment par l'instruction spéciale pour la construction des écoles publiques, adoptée par le Comité des bâtiments scolaires, et portant la date du 28 juillet 1882.

Il sera bon que les locaux destinés aux écoles privées offrent des conditions analogues : ainsi, par exemple, d'une manière générale, les écoles privées doivent être exemptes d'humidité, bien aérées, bien éclairées; il faut éviter le voisinage d'établissements dangereux ou insalubres. On devra même, autant que possible, ne pas s'écarter sensiblement des règles suivantes : 1° S'il s'agit d'une école maternelle, la surface de la salle d'exercice sera calculée de manière à assurer à chaque enfant un minimum de 80 centimètres, et la hauteur sous plafond sera de 4 mètres (art. 6 de l'instruction précitée). 2° S'il s'agit d'une école primaire élémentaire, la surface de la classe devra être calculée à raison de 1 m. 25 centimètres par élève, et la hauteur sous plafond sera de 4 mètres (art. 18).

Ainsi, dans les écoles primaires publiques ou privées, il importe d'assurer à chaque élève 5 mètres cubes d'air. Si cette condition est bien observée, il pourra y avoir une certaine tolérance pour la hauteur du plafond, et ce défaut de hauteur serait compensé par la largeur.

Dans l'affaire Chièze, école de Chadiot (*Bulletin de la Société générale d'Éducation et d'Enseignement*, 15 février 1889, p. 122), le Conseil supérieur de l'instruction publique, par sa décision du 28 décembre 1888, a levé une opposition en considérant que « l'insuffisance de la hauteur est en partie compensée par la largeur et la longueur de la salle ».

Le Conseil supérieur a toujours reconnu que les règlements administratifs, en principe, ne sont pas obligatoires pour les écoles privées.

Dans l'affaire Aly, école de Lacépède (*Bulletin* du 15 mars 1887, p. 221), le Conseil supérieur a décidé, le 6 janvier 1887, « que les prescriptions ministérielles relatives à la distance où les maisons d'école doivent être des cimetières, ne s'appliquent pas expressément aux écoles libres. »

Dans l'affaire Bonnet, école de Basson (*Bulletin* du 15 mai 1887, p. 314), le Conseil supérieur déclare, le 24 mars 1887, « que, si les deux salles destinées à servir d'école ne remplissent pas rigoureusement les prescriptions du règlement du 18 janvier 1887, elles sont néanmoins meilleures que beaucoup de salles où fonctionnent bon nombre d'écoles publiques. »

Dans l'affaire Isard, école de Saint-Pierre d'Entremont (*Bulletin* du 15 septembre 1887, p. 621), le Conseil supérieur, le 17 juillet 1887, infirme la décision du Conseil départemental de la Savoie, qui avait jugé que le règlement du 17 juin 1880 était applicable aussi bien aux écoles libres qu'aux écoles publiques, en déclarant que la proximité du cimetière ne peut pas être présentée comme un obstacle à l'ouverture de l'école libre.

Dans l'affaire Aubert, école de Soyers (*Bulletin* du 15 août 1888, p. 550), le Conseil supérieur, le 21 juillet 1888, s'exprime en ces termes : « Considérant que l'opposition est fondée seulement sur l'inobservation de certaines règles prescrites par l'arrêté spécial du 28 juillet 1882 relatif à la construction des écoles primaires élémentaires ; mais que cet arrêté ne vise pas les écoles libres ; que dès lors il s'agit d'examiner, en fait et indépendamment des prescriptions de l'arrêté, si les locaux... ne présentent pas de danger en ce qui concerne la salubrité, la sécurité et la morale ; que, si l'installation proposée n'est pas parfaite, elle est suffisante. »

Dans l'affaire Droussent, école de Contay (*Bulletin* du 15 février 1889, p. 116), le Conseil supérieur, le 28 décembre 1888, s'exprime ainsi : « Considérant que le local indiqué par la dame Droussent est spacieux et bien aéré malgré la hauteur inférieure de 20 centimètres à la hauteur réglementaire exigée pour les écoles publiques... »

Dans l'affaire Romanet, école de Champvans (*Bulletin* du 15 février 1890, p. 114), le Conseil supérieur, dans sa décision du 27 décembre 1889, s'exprime en ces termes : « Considérant qu'il n'y a pas lieu d'opposer à la déclarante l'inobservation de certaines prescriptions du règlement ministériel du 17 juin 1880, attendu que ce règlement n'est obligatoire que pour les écoles publiques... »

Dans l'affaire Thorel, école de Gisors (*Bulletin* du 15 avril 1895, p. 247), le Conseil supérieur, le 28 décembre 1894, déclare que « rien n'autorise à imposer aux directeurs d'écoles libres les prescriptions d'un arrêté ministériel applicable seulement aux écoles publiques. »

Dans l'affaire Alessandri, école de Callian, Var, (*Bulletin* du 15 mars 1896, p. 176), le Conseil supérieur, le 17 janvier 1896, déclare « que les indications contenues dans l'instruction spéciale du 18 janvier 1887 ne sont pas des prescriptions absolues et ne sauraient être imposées dans toute leur rigueur aux écoles primaires privées. »

L'instruction spéciale du 28 juillet 1882 sur la construction des écoles publiques s'exprime en ces termes dans l'article 1er du chapitre relatif aux écoles primaires élémentaires : « Le terrain destiné à recevoir une école doit être central, bien aéré, d'un accès facile et sûr, éloigné de tout établissement bruyant, malsain ou dangereux, à cent mètres au moins des cimetières. » Ainsi, le règlement ne contient qu'une expression générale, quant au voisinage des établissements bruyants et malsains, ce qui laisse une grande latitude d'appréciation.

A cette même date, le Ministre, écrivant aux préfets, leur disait que le règlement contenait certaines prescriptions trop rigoureuses lorsqu'il s'agissait de la construction d'écoles dans les communes rurales, ou dans les hameaux, et leur annonçait notamment l'atténuation des prescriptions relatives à certains services tels que vestiaire, préau couvert, galeries et autres annexes dont l'installation est parfois très onéreuse. « Il n'est pas besoin, en effet, ajoute le Ministre, pour doter les communes rurales de maisons d'école convenables, de leur imposer des sacrifices qui ne sont pas toujours en rapport *avec les ressources dont elles disposent.* »

Une circulaire ministérielle du 29 août 1892 (*Bulletin* du 15 novembre 1892, p. 760) édicte qu'aucune maison d'école ne pourra être construite à l'avenir sans que le Conseil d'hygiène ait été appelé à émettre son avis sur les plans et devis et le choix de l'emplacement.

Un arrêté du 18 janvier 1893 contient deux articles ainsi conçus :

Art. 271. — Le Comité départemental d'hygiène sera toujours consulté par l'inspecteur d'Académie sur les conditions d'installation et sur l'état de salubrité des locaux affectés aux écoles privées pour lesquelles il est fait une déclaration d'ouverture.

Il est à remarquer que l'obligation de consulter le Conseil d'hygiène n'est pas imposée au maire (1).

(1) Dans l'affaire Thorel précitée, le Conseil supérieur constate « que le Conseil départemental n'a pas connu l'avis du Conseil d'hygiène, lequel n'a été consulté que postérieurement au jour où le Conseil départemental avait rendu sa décision, ce qui a privé ce Conseil d'un élément précieux d'information. »

ART. 272. — En cas d'épidémie, le préfet, sur la proposition de l'inspecteur d'Académie, après avis du maire et du Comité départemental d'hygiène, détermine les mesures sanitaires à prendre dans les écoles primaires publiques et privées, et prononce, s'il y a lieu, la fermeture temporaire.

I. — ABATTOIR.

Dans l'affaire Forget, école de Tillières (*Bulletin* du 15 juillet 1895, p. 514), le Conseil supérieur, le 6 avril 1895, décide que le voisinage d'un abattoir privé peut présenter des inconvénients et même des dangers au point de vue de l'hygiène.

II. — ALIGNEMENT.

Dans l'affaire Jean Martin, école de Lurcy-Lévy, Allier, (*Bulletin du* 15 mars 1896, p. 180), le Conseil supérieur, le 18 janvier 1896, lève une opposition fondée sur ce motif que les locaux scolaires seraient exposés à des modifications résultant d'une contravention prétendue à un arrêté d'alignement, « attendu dit l'arrêt, que l'opposition se base uniquement sur les modifications qui pourraient être apportées aux locaux à la suite d'un procès en cours, et que les locaux destinés à servir d'école doivent être jugés en appréciant exclusivement l'état dans lequel ils se trouvent au moment où est formulée l'opposition ; que l'existence d'un litige ne suffit pas à justifier celle-ci. »

III. — AUBERGES ET CABARETS.

Dans l'affaire Vernéjouls, école de Saint-Raphaël (*Bulletin du* 15 mai 1887, p. 127), le Conseil supérieur, le 24 mars 1887, lève une opposition en considérant que « le voisinage de deux auberges, situées à une assez grande distance, n'offre aucun danger soit pour la santé, soit pour la moralité des élèves ».

Dans l'affaire Lavieil (école de Creully), le Conseil supérieur déclare, par sa décision du 24 décembre 1887 (*Bulletin du* 19 janvier 1888, p. 66), « que le voisinage d'un cabaret, regrettable sans doute, n'est pas de nature à empêcher l'ouverture d'une école ».

Dans l'affaire Salesse, école de Candas (*Bulletin du* 15 février 1888, p. 113), le Conseil supérieur, le 26 décembre 1887, déclare que « le voisinage d'une buvette n'est pas, à lui seul, une cause suffisante pour empêcher l'ouverture d'une école ».

L'installation de la buvette était postérieure à la déclaration.

Dans l'affaire Bruel, école de Saint-Julien-d'Empare (*Bulletin du* 15 février 1885, p. 105), décision semblable rendue par le Conseil supérieur, le 27 décembre 1888, pour le voisinage d'un café.

Dans l'affaire Jacquemart, école de Camon (*Bulletin du* 15 février 1889, p. 118), le Conseil supérieur lève une opposition le 28 décembre 1888 et s'exprime en ces termes : « Considérant que le voisinage d'un café situé à 50 mètres de distance ne peut mettre obstacle à la tenue d'une école. »

Dans l'affaire Granat, école de Villeveyrac (*Bulletin* du 15 septembre 1891,

p. 689), le Conseil supérieur rend, le 27 juillet 1891, une décision dans le même sens. Le maire, dans son opposition, alléguait entre autres motifs que l'école était située en face et à *dix mètres seulement d'un café chantant et d'un bal public*. Le Conseil supérieur a cependant levé l'opposition en considérant que les motifs étaient insuffisants et que, si le local « n'offrait pas toutes les conditions qu'on pourrait désirer d'un établissement modèle, il ne présentait du moins aucun danger ni pour la santé ni pour la *moralité* des élèves ».

Dans l'affaire Aubin, école de Rocles (*Bulletin* du 15 mars 1893, p. 189), le Conseil supérieur, le 28 décembre 1892, déclare que « le voisinage d'une auberge située à 30 mètres de la maison d'école ne suffit pas pour mettre obstacle à l'ouverture d'une école ».

Dans l'affaire Delfand-Géraud (école de Collonges, Corrèze), (*Bulletin* du 15 mars 1896, p. 178), le Conseil supérieur maintient une opposition en considérant qu'un débit de boissons est situé non dans le voisinage ou à une certaine distance du local proposé, ce qui aurait pu en atténuer les inconvénients, mais qu'il est installé au rez-de-chaussée de la maison, au-dessous de l'une des salles de classe ; que la disposition des lieux permet aux enfants d'entendre les cris, les chants, les conversations du débit, de voir les allées et venues des clients de l'établissement.

Il n'est donc pas prudent d'établir un local de classe à un étage au-dessous duquel habite un tiers, lorsqu'on n'a pas fait avec ce tiers une convention lui interdisant telle et telle industrie qui pourrait nuire à l'école.

IV. — Briqueterie, poterie, porcherie.

Dans l'affaire Lafarge, école de Villemur (*Bulletin* du 15 mars 1893, p. 190), les griefs tirés du voisinage d'une briqueterie et d'une poterie sont écartés par le Conseil départemental.

Le Conseil supérieur, appelé à statuer sur l'unique motif tiré de la présence d'une porcherie dans le voisinage du local présenté par le sieur Lafarge pour y tenir son école, déclare, le 28 décembre 1892, que ce motif « n'est pas justifié, une porcherie ne pouvant être considérée comme un établissement insalubre et dangereux ».

V. — Cimetières.

La jurisprudence du Conseil supérieur de l'Instruction publique n'applique pas rigoureusement aux écoles privées la règle posée dans les articles Ier, écoles maternelles, et Ier, écoles primaires, de l'instruction spéciale du 28 juillet 1882 (distance des locaux à 100 mètres au moins des cimetières).

Dans l'affaire de Corrèze (*Bulletin* du 15 février 1884, p. 118), le Conseil supérieur, le 29 décembre 1883, déclare que la distance de 80 mètres entre le local de la future école libre et le cimetière est suffisante.

Dans l'affaire Aly, école de Lacépède (*Bulletin* du 15 mars 1887, p. 221), le Conseil supérieur, le 6 janvier 1887, lève l'opposition à l'ouverture d'une école séparée seulement du cimetière par une rue et une petite cour, en considérant que les infiltrations du cimetière, à supposer qu'il s'en produise malgré la nature du sol, n'ont pas leur écoulement vers l'école, mais suivent la pente rapide de la rue;

Que la commune de Lacépède ayant trois cimetières pour une population de 656 habitants, les inhumations sont très peu fréquentes dans chacun d'eux;

Que le local choisi par la déclarante a été, ainsi que la maison contiguë, occupé de longues années par l'école communale de filles et n'a pas été abandonné pour cause d'insalubrité, et que, par conséquent, la proximité du cimetière ne peut pas être présentée comme un obstacle à l'ouverture de l'école libre;

Que les prescriptions ministérielles relatives à la distance où les maisons d'école doivent être des cimetières ne s'appliquent pas expressément aux écoles libres.

Dans l'affaire Isard, école de Saint-Pierre d'Entremont (*Bulletin* du 15 septembre 1887, p. 621), le Conseil supérieur, le 29 juillet 1887, lève l'opposition en considérant que le local désigné par le déclarant est séparé du cimetière par un chemin départemental, un torrent et un chemin vicinal; que ledit local avait été primitivement choisi par l'autorité académique pour l'installation d'une école publique, qu'il a été occupé pendant six ans par l'école communale de garçons et n'a pas été abandonné pour cause d'insalubrité; que par conséquent, la proximité du cimetière ne peut pas être présentée comme un obstacle à l'ouverture de l'école libre.

Dans l'affaire Laroque, école d'Irissary (*Bulletin* du 15 septembre 1888, p. 605), le Conseil supérieur, le 21 juillet 1888, déclare que « le local proposé offre, malgré le voisinage du cimetière, des conditions suffisantes de salubrité ».

D'un autre côté, dans l'affaire Texier, école de la Ferrière (*Bulletin* du 15 septembre 1888, p. 603), le Conseil supérieur, le 21 juillet 1888, déclare, en fait, que « le voisinage du cimetière peut créer des dangers pour la santé des élèves à cause des infiltrations ».

Dans l'affaire Mercier, école de Verteuil (*Bulletin* du 15 février 1889, p. 121), le Conseil supérieur, le 28 décembre 1888, décide qu'en raison du voisinage d'un cimetière, l'école serait dans des conditions contraires à la salubrité du personnel et des enfants qui l'occuperaient.

Dans l'affaire Larrouy, école de Cierp (*Bulletin* du 15 septembre 1889, p. 567), le Conseil supérieur, le 23 juillet 1889, déclare que, dans l'espèce, il y a un danger évident provenant des eaux pluviales ou souterraines qui arrivent aux terrains du pensionnat, après avoir passé par le cimetière.

Il ne faut pas perdre de vue la législation qui régit cette matière. Le décret impérial du 23 prairial an XII dispose, titre Ier, article 2, que les cimetières doivent être distants de 35 à 40 mètres de chacune des villes ou bourgs; le décret du 7 mars 1808 porte que nul ne peut, sans autorisation, élever aucune habitation ou creuser aucun puits à moins de 100 mètres des nouveaux cimetières, etc... — De plus, la loi du 15 novembre 1887 déclare qu'un règlement d'administration publique déterminera les conditions applicables aux divers modes de sépulture.

Le rapport du Comité consultatif d'hygiène et celui de la commission technique, chargée de préparer le règlement susmentionné, concluent à la nécessité d'adopter la distance de 100 mètres entre une école et un cimetière.

Si cette distance n'est pas observée, une opposition est à craindre ; mais il n'y a pas de prohibition absolue pour une distance moindre.

Dans l'affaire Nycollin, école de Gets (*Bulletin* du 26 juillet 1894, p. 608), le Conseil supérieur lève une opposition par les motifs suivants :

Considérant que si, conformément aux affirmations de l'inspecteur d'académie, l'école projetée est à proximité du cimetière et en contre-bas, que si cette disposition des lieux rendait légitime la crainte que des infiltrations venues du cimetière pussent contaminer la fontaine mise à la disposition des élèves, cette contamination paraît au contraire être impossible ;

Considérant, en effet, qu'il résulte du plan qui a été produit et des constatations faites par une commission du Conseil d'hygiène, que la fontaine en question est alimentée par deux sources captées à de très grandes distances du cimetière et dont l'eau est amenée dans la cour de l'école par des conduits parfaitement fermés ;

Considérant qu'il résulte d'une déclaration d'un grand nombre d'habitants de la commune et d'une attestation du maire que cette fontaine n'a jamais causé d'accidents et que le local dont il est question a été pendant quarante-quatre années occupé par l'école communale sans qu'une épidémie y ait été signalée ;

Considérant que le Conseil départemental, obligé par une disposition impérative de la loi de se prononcer dans le délai d'un mois, n'avait pas pu, au jour de la décision, être mis en possession de documents d'où il est résulté tardivement que la prétendue insalubrité du local était chimérique ;

Reçoit l'appel,

Infirme la décision du conseil départemental et lève l'opposition.

Dans l'affaire Alessandri, école de Callian, Var, (*Bulletin* du 15 mars 1896, p. 176), le Conseil supérieur, le 17 janvier 1896, lève une opposition en considérant que les indications contenues dans l'instruction spéciale du 18 janvier 1887 ne sont pas des prescriptions absolues et ne sauraient être imposées dans toute leur rigueur aux écoles primaires privées ; qu'alors même que l'installation du cimetière de Callian le rendrait défectueux, la nature et la disposition du terrain ne permettent ni aux eaux de surface ni à celles du sous-sol de parvenir du cimetière à la maison d'école ; que ladite maison n'est alimentée par aucun puits, mais reçoit ses eaux d'alimentation d'une source éloignée parfaitement pure.

CIMETIÈRE DÉSAFFECTÉ

Voir affaire Delaville, école de Champigny (*Bulletin* du 15 décembre 1893, p. 798). Rapport de M. Brouardel au Conseil d'hygiène, en faveur de leur innocuité. *Annales d'hygiène publique,* année 1886, p. 294.

VI. — Construction hative

Dans l'affaire Julliard, école de Pradelle (*Bulletin* du 15 février 1888, p. 116), le Conseil supérieur, le 26 décembre 1887, lève l'opposition en considérant que l'époque et la durée des travaux pour le gros œuvre écartent l'idée d'une construction faite à la hâte, et qu'on ne peut conclure de l'écroulement d'un mur indépendant des bâtiments scolaires au peu de solidité des autres travaux.

VII. — Contiguïté d'une école publique

Dans l'affaire Mendre, école de Gray (*Bulletin* du 15 février 1889, p. 123), le Conseil supérieur, le 27 décembre 1888, déclare qu'il n'y a pas lieu de tenir compte du motif de l'opposition du maire de Gray, fondé sur la contiguïté du local de l'école privée avec l'école publique transférée dans le local occupé précédemment par l'école privée.

Dans l'affaire Mathevet, école de Mayras (*Bulletin* du 15 septembre 1889, p. 568), le Conseil supérieur, le 22 juillet 1889, déclare qu'il n'y a pas lieu de tenir compte du motif d'opposition fondé sur la contiguïté du local avec l'école publique.

VIII. — Cour

Dans l'affaire Julliard, école de Pradelle (*Bulletin* du 15 septembre 1888, p. 116), le Conseil supérieur, le 26 septembre 1887, lève l'opposition en considérant que la cour du local désigné, bien qu'établie entre la maison d'école et un mur qui la sépare d'un terrain plus élevé, est d'une superficie telle qu'elle ne peut manquer ni d'air ni de soleil.

Dans l'affaire Freycon, école de Boën (*Bulletin* du 15 février 1891, p. 128), le Conseil supérieur, le 29 décembre 1890, déclare que les conditions d'installation de l'école, notamment celles de la cour de ladite école, bien que défectueuses, ne sont pas de nature à empêcher l'ouverture de cet établissement.

IX. — Eau de puits ou de source (manque d')

Dans l'affaire Desclos, école d'Orbigny (*Bulletin* du 15 février 1889, p. 115), le Conseil supérieur, le 28 décembre 1888, déclare que le motif d'opposition tiré du manque d'eau de puits ou de source dans les locaux scolaires ne saurait être admis que par une interprétation abusive de la loi.

X. — Enduits, peintures, badigeons

Dans l'affaire Julliard, école de Pradelle (*Bulletin* du 15 février 1888, p. 116), le Conseil supérieur, le 26 décembre 1887, lève l'opposition en déclarant qu'il résulte de l'examen des pièces jointes au dossier que la saison où ont été faits et la date à laquelle ont été achevés les derniers travaux d'enduit, de badigeon et de peinture, ne permettent pas de concevoir de craintes sérieuses pour la santé des enfants.

XI. — Étable

Dans l'affaire de Corrèze (*Bulletin* du 15 février 1884, p. 118), le Conseil supérieur, le 29 décembre 1883, déclare « qu'il n'y a pas d'insalubrité dans le voisinage d'une étable ».

XII. — EXTERNAT. — RÉSIDENCE DE LA DIRECTRICE DANS LE LOCAL SCOLAIRE

Dans l'affaire Gendron, école de Prunay (*Bulletin* du 15 février 1888, p.104), le Conseil supérieur, le 23 décembre 1887, confirme la mainlevée d'une opposition en considérant que la loi n'oblige pas les directrices d'externat à résider dans le local scolaire et que si, jusqu'au moment où elle aura pris domicile dans l'établissement, — ce qu'elle a annoncé avoir l'intention de faire, — la dame Gendron n'assurait pas la surveillance dans les conditions prescrites par les règlements disciplinaires, il appartient à l'inspecteur d'académie d'user contre elle des pouvoirs qu'il tient de la loi.

XIII. — FERMES, BESTIAUX

Dans l'affaire Chenu, école de Commenailles (*Bulletin* du 15 août 1888, p. 545), le Conseil supérieur, le 20 juillet 1888, maintient l'opposition parce qu'en fait la cour d'entrée de l'école projetée n'est séparée par aucune clôture de la cour contiguë d'une maison de culture où circulent journellement des attelages et du bétail ; que, du côté de l'est, les enfants, pour se rendre à la cour de récréation et aux cabinets d'aisance, ont à traverser un passage étroit fréquemment suivi par les chariots et le bétail... et que, par suite, ce passage ne peut être tenu dans un état de propreté satisfaisant.

XIV. — GUÉ, ROUTOIR

Jugé que le voisinage d'un gué et d'un routoir (lavoir destiné au rouissage du chanvre) constitue un danger pour l'hygiène (affaire Loyer, école de Saint-Côme, décision du Conseil supérieur du 8 novembre 1889, *Bulletin* du 15 février 1890, p. 108). Les routoirs sont rangés dans la 1re catégorie des établissements dangereux, incommodes et insalubres (Décret du 3 décembre 1866 et 3 mai 1886) ; mais il ne s'agit que de routoirs industriels, et non de routoirs ordinaires.

XV. — HAUTEUR INSUFFISANTE

Dans l'affaire Chièze, école de Chadiot (*Bulletin* du 15 février 1889, p. 122), le Conseil supérieur, le 28 décembre 1888, lève une opposition en considérant « que l'insuffisance de la hauteur est en partie compensée par la largeur et la « longueur de la salle... »

Dans l'affaire Thorel, école de Gisors (*Bulletin* du 15 avril 1895, p. 247), le Conseil supérieur, le 28 décembre 1894, déclare « que, si les salles destinées aux classes ont une hauteur trop peu considérable, ce défaut est compensé par le nombre, la largeur et la bonne disposition des fenêtres qui assurent une large et facile aération ; que, dans ces conditions, et vu les autres dimensions des pièces, l'école peut recevoir sans aucun inconvénient pour la santé, une soixantaine d'élèves. »

XVI. — HOSPICES, HOPITAUX.

Dans l'affaire Lecordier, école de Sourdeval (*Bulletin* du 15 février 1889, p. 124), le Conseil supérieur, le 29 décembre 1888, considère, pour maintenir l'opposition, que l'école projetée s'ouvrirait dans un asile destiné à recevoir des vieillards, des infirmes et des malades ; que cela sans doute n'a rien d'illégal et n'est pas sans exemples, mais qu'une école établie dans de telles conditions exige, au point de vue de l'hygiène, des précautions qui, dans l'espèce, n'ont point été prises ; que, notamment, la cour de récréation destinée aux élèves de l'école est immédiatement contiguë à l'asile et est dominée par une série de fenêtres ouvrant sur le corridor que les malades traversent quand ils sortent de leurs chambres ; que les religieuses enseignantes, ne pouvant manger et coucher dans les salles affectées à l'école, seraient obligées, hormis le temps des classes, de vivre en commun avec celles qui soignent les malades ; que si, depuis fort longtemps, une école maternelle est annexée à l'asile, c'est un fait en lui-même regrettable et d'où l'on conclurait à tort que l'école primaire puisse être installée sans danger dans le même local ; qu'en effet, par cela même que la nouvelle école augmenterait la population agglomérée auprès de l'asile, elle augmenterait aussi le danger résultant de conditions hygiéniques naturellement mauvaises.

Dans l'affaire Carivenc et Coustel, école de Castelnau-Montratier (*Bulletin* du 15 mars 1893, p. 191), le Conseil supérieur, le 28 décembre 1892, déclare que, « si les locaux dans lesquels les déclarants ont manifesté l'intention d'ouvrir leurs écoles (maternelle et primaire) présentent quelques défectuosités, celles-ci ne sont pas telles que ces locaux ne puissent servir à un usage scolaire, et que le voisinage d'un hospice ne constitue pas par lui-même un danger qui mette obstacle à l'ouverture d'une école ».

Il est à remarquer que l'article 43 de la loi du 30 octobre 1886 reconnaît l'existence d'écoles privées dans les hospices et hôpitaux eux-mêmes.

XVII. — Humidité (causes générales)

Dans l'affaire Cohendet, école de la Côte-d'Arbroz (*Bulletin* du 15 août 1888, p. 551), le Conseil supérieur, le 21 juillet 1888, maintient une opposition en considérant que, des constatations faites, il résulte qu'à l'époque de la déclaration d'ouverture les plâtriers étaient encore occupés à la maison d'école ; que les murs de l'école étaient humides ; que, vu l'altitude de la localité (1171 mètres) et la mauvaise saison, on ne pouvait espérer qu'une maison *non construite sur cave* serait suffisamment saine, à l'expiration du délai légal, pour qu'on y pût recevoir les enfants sans danger.

Dans l'affaire Hourcade, école de Moulins-Engilbert (*Bulletin* du 15 janvier 1889, p. 64), le Conseil supérieur, le 28 décembre 1888, lève une opposition en considérant que l'unique motif de la décision du Conseil départemental est tiré de *l'humidité du quartier* où l'école doit être ouverte, mais qu'il résulte de l'ensemble des pièces versées au procès que ce quartier n'est pas plus humide ni plus *malsain que les autres quartiers de la ville* et que les maladies n'y sont pas plus fréquentes.

Jugé que l'opposition doit être maintenue dans ce cas. Aff. Volte, école de Marin, décision du 27 décembre 1888, *Bulletin* du 15 février 1889, p. 110.

Dans l'affaire Exartier, école de Cruet (*Bulletin* du 15 février 1889, p. 119), le Conseil supérieur, le 28 décembre 1890, déclare en fait que le motif tiré de la présomption d'humidité, résultant de la date encore récente de la construction du bâtiment destiné à l'école n'est pas justifié, et qu'au contraire il résulte d'expériences faites... que cette construction est arrivée à un degré de siccité suffisant pour permettre d'y recevoir des élèves externes.

Dans l'affaire Doche, école de Savigny (*Bulletin* du 15 février 1890, p. 113), le Conseil supérieur, le 27 décembre 1889, lève une opposition en considérant que, si la construction en est relativement récente, il a été possible de rendre le local sain et sec par une aération que facilitait la bonne exposition des lieux et des ouvertures pratiquées dans les murs, et qu'au moment où l'opposition a été faite il n'y avait plus à redouter l'humidité dont on ne trouvait plus de trace.

Dans l'affaire Constant, école de Mondragon (*Bulletin* du 15 juillet 1891, p. 514), le Conseil supérieur, le 4 juin 1891, déclare que le grief tiré du voisinage du réservoir des eaux qui alimentent les fontaines de la commune n'a pas paru suffisamment fondé.

XVIII. — Humidité. — Déclivité du sol. — Talus. — Pente du chemin d'accès

Dans l'affaire Larrebat, école de Thiais (*Bulletin* du 15 février 1888, p. 105), le Conseil supérieur, le 24 décembre 1887, a statué sur l'appel d'une sentence du Conseil départemental de la Seine, conçue en ces termes :

En ce qui concerne le motif d'opposition tiré de l'humidité du local :

Considérant que le local proposé est presque adossé à un talus élevé d'environ 1 mètre et qui est lui-même dominé par un mur de 4 m. 40 de haut, ce qui empêche l'air et le soleil de pénétrer ; que, dans ces conditions, et malgré un léger carrelage, l'humidité sera constante ; que, d'ailleurs, l'école est bâtie sur la terre sans sous-sol et que, si le plancher est établi sur bitume, il n'a pas été réservé de courant d'air pour atténuer l'humidité ;

Enfin, ce qui concerne l'accès de l'école :

Considérant que le chemin, par sa déclivité de 0,10 cent. par mètre sur une longueur d'environ 70 mètres, offre des dangers pour la sécurité de jeunes enfants de 2 à 6 ans, principalement l'hiver ;

Maintient l'opposition.

Le Conseil supérieur a infirmé cette sentence en considérant que le Conseil départemental, écartant divers motifs distincts dans l'opposition, notamment ceux résultant du trop grand nombre de fenêtres, de l'éclairage bilatéral et du défaut de séparation des préaux, n'a retenu que ceux relatifs à l'humidité résultant de la déclivité du sol et de l'existence d'un talus derrière l'école, et du danger pouvant résulter de la pente trop raide du chemin d'accès ;

Qu'une construction bien faite, pourvue de larges ouvertures, en pleine campagne, ne peut être considérée comme malsaine par cela seul qu'elle est élevée sur un terrain déclive, et suivie d'un talus dont la pente, sur une largeur de 5 m. 40, n'est, à sa plus grande hauteur, que de 1 mètre ;

Qu'une pente de 0 m. 10 c. par mètre, sur une longueur de 79 mètres, n'est pas absolument excessive.

XIX. — Logement de l'instituteur dans l'école (absence du).

Dans l'affaire Desclos, école d'Orbigny (*Bulletin* du 15 janvier 1889,

p. 115), le Conseil supérieur, le 28 décembre 1889, déclare que le motif d'opposition tiré de l'absence de logement de l'institutrice dans l'école ne saurait être admis que par une interprétation abusive de la loi.

XX. — LOGEMENT DE L'INSTITUTEUR. — INACHÈVEMENT DES TRAVAUX.

Dans l'affaire Lavieil, école de Creully (*Bulletin* du 15 janvier 1888, p. 66), le Conseil supérieur déclare, le 24 décembre 1887, que l'inachèvement du local destiné à loger les maîtres n'est pas une cause suffisante d'opposition, surtout si, comme cela résulte des pièces du dossier, les ouvriers, pour terminer les constructions, ne doivent point passer près de l'école, puisqu'il y a une entrée séparée.

XXI. — MARES.

Voyez affaire Friaudey, école de Conflans, 22 juillet 1893 (*Bulletin* du 15 décembre 1893, p. 796). Leur voisinage peut n'être pas un motif valable d'opposition.

XXII. — PASSAGE D'ÉLÈVES DE L'ÉCOLE PUBLIQUE PAR L'ÉCOLE LIBRE. — RIVALITÉ PRÉTENDUE D'ÉLÈVES DE DEUX ÉCOLES DIFFÉRENTES. — SENS DU MOT BONNES MŒURS.

Voyez affaire Roux, école de Saint-Mathurin (Maine-et-Loire), décision du 18 janvier 1896 (*Bulletin* du 15 mars 1896, p. 183).

XXIII. — PLAFOND (FORME).

Dans l'affaire Decultieux, école de Saint-Pol (*Bulletin* du 15 août 1888, p. 552), le Conseil supérieur, le 21 juillet 1888, infirme la sentence attaquée, en considérant que l'opposition de l'inspecteur d'académie s'appuie seulement sur ce que le plafond du principal dortoir n'est ni plan, ni parallèle au parquet, mais forme une sorte de voûte brisée; qu'à ce motif peu concluant, le Conseil départemental en a substitué un autre, savoir que le dortoir n'est pas protégé contre les variations de la température extérieure, mais que cette affirmation n'est pas justifiée par les pièces produites.

XXIV. — PLAFOND. — HAUTEUR DE L'APPUI DES FENÊTRES. — SAILLIE DES PLANCHES. — ÉCLAIRAGE. — VENTILATION. — SURVEILLANCE. — PRIVÉS. — PRÉAUX.

Dans l'affaire Savel, école de Saint-Didier-la-Séauve (*Bulletin* du 15 février 1888, p. 110), le Conseil supérieur, le 23 décembre 1887, lève l'opposition formée en considérant que ni l'élévation du plafond, ni la hauteur de l'appui des fenêtres ne sont des causes d'insalubrité;

Que la légère saillie des planches qui ont servi à réparer le parquet n'est point un danger sérieux;

Que le contre-bas est sans importance;

Que le couloir est éclairé à ses deux extrémités ;

Que les cabinets d'aisance sont ventilés par une cheminée d'appel et que la surveillance n'est pas impraticable.

Dans le département d'Ille-et-Vilaine, l'administration n'admet pas les privés sous les préaux couverts.

Dans l'affaire Mayoux, école de Beaulon (*Bulletin* du 15 avril 1895, p. 245), le Conseil supérieur, le 27 décembre 1894, déclare que « le préau couvert est exigu, mais que les dimensions de ce préau ne sont pas tellement restreintes que les enfants de l'école ne puissent y trouver un abri temporaire ; que ce défaut n'est pas de nature, étant données les dispositions spéciales de l'école, à justifier l'interdiction. »

XXV. — Puits dans la cour.

Voyez affaire Delaville, école de Champigny (*Bulletin* du 15 décembre 1893, p. 798).

XXVI. — Silos.

Voyez affaire Friaudey, école de Conflans, 22 juillet 1893 (*Bulletin* du 15 décembre 1893, p. 796). Leur voisinage n'est pas un motif valable d'opposition.

XXVII. — Tannerie.

Dans l'affaire Junière, école de Villeneuve-sur-Yonne (*Bulletin* du 15 février 1891, p. 125), le Conseil supérieur, le 27 décembre 1890, lève l'opposition en considérant que l'unique motif de la décision du Conseil départemental est tiré du voisinage d'une tannerie, mais que ce motif est insuffisant pour constituer à lui seul un empêchement à l'installation d'une école, attendu que les émanations qui se dégagent de ces établissements sont simplement désagréables et ne nuisent pas à la santé ; qu'il résulte d'ailleurs de l'ensemble des pièces versées au dossier que les conditions hygiéniques du local de l'école ne justifient pas l'opposition.

XXVIII. — Travaux exécutés depuis l'opposition. — Ne sont pas pris en considération.

Dans l'affaire Bouillard, école de Saint-Léger-du-Bois (*Bulletin* du 15 janvier 1888, p. 48), le Conseil supérieur déclare, le 24 décembre 1887, que le local indiqué par Mme Bouillard ne répond pas aux prescriptions hygiéniques, au moment où l'opposition est intervenue ; que le jugement du Conseil départemental est bien fondé ; qu'en supposant exécutés certains travaux d'assainissement, il n'y aurait pas lieu d'infirmer la décision du Conseil départemental.

Dans l'affaire Labadié, école de Bellegarde (*Bulletin* du 15 janvier 1888, p. 59), le Conseil supérieur, le 26 décembre 1887, maintient l'opposition en considérant : que les travaux, ayant été commencés en août, n'étaient pas terminés au moment de l'opposition du maire; qu'en outre, à l'époque où le Conseil départemental a statué, ils ne l'étaient pas encore; qu'en raison de la rapidité avec laquelle ils ont été exécutés, le local présente des dangers au point de vue de l'hygiène scolaire.

Cette doctrine, très rigoureuse, est contraire, comme l'a fait remarquer M. Bonnet, à la pratique judiciaire universelle. Tous les tribunaux possibles, pour juger une affaire, tiennent compte des faits, nettement établis, qui se sont produits jusqu'au jour du jugement. Les tribunaux d'appel eux-mêmes font acception de ce qui s'est accompli depuis la sentence du premier juge.

D'une manière générale, si le juge constate qu'une demande portée devant lui a, depuis qu'elle est introduite, reçu satisfaction, il refuse au demandeur toute condamnation aux dépens, lorsque le défendeur a été en retard de satisfaire à la demande. Le Conseil départemental est saisi par une opposition à ouverture d'école, comme un autre tribunal l'est par une assignation. S'il est bien établi que le déclarant a opéré les modifications nécessaires avant la réunion du Conseil départemental, cette juridiction doit reconnaître que l'opposition était bien fondée lorsqu'elle s'est produite, mais qu'il lui a été donné satisfaction. Le Conseil supérieur lui-même doit, si les modifications ôtant à l'opposition sa raison d'être, ont été faites depuis la sentence du Conseil départemental, et si la preuve indéniable lui en est apportée, lever l'opposition.

Tels sont les principes généraux que la jurisprudence actuelle du Conseil supérieur refuse d'appliquer, mais qui ont été cependant reconnus par quelques-unes de ses décisions.

Dans l'affaire Millard (29 décembre 1883) (1), il a positivement fondé son infirmation de la sentence du Conseil départemental sur le fait de travaux effectués entre l'opposition du maire et la réunion du Conseil. Dans l'affaire Aly (6 janvier 1883) (2), il a tenu compte de constructions accessoires qui avaient été élevées pendant la même période. Dans l'affaire Ladegrin (27 décembre 1884) (3), il n'a maintenu l'opposition qu'en constatant la non-exécution, *quelques jours avant la séance du Conseil départemental*, des travaux demandés par cette opposition. Enfin, dans l'affaire Rescanières (24 mars 1887), l'arrêt infirme la sentence du Conseil départemental parce que celui-ci avait levé l'opposition du maire sous la condition que le déclarant ferait certains travaux : décision critiquable, à cause de l'impossibilité qu'il y avait à constater légalement le moment de l'accomplissement de la condition. L'arrêt Rescanières n'a donc rien à voir dans la question.

(1) *Bulletin de la Société d'Education*, 1884, page 184.
(2) *Bulletin de la Société d'Education*, 1881, page 221.
(3) *Bulletin de la Société d'Education*, 1885, page 107.

QUESTIONS DIVERSES

I. — Avis a demander au conseil d'hygiène.

Un arrêté ministériel du 18 janvier 1893, publié par le *Bulletin de la Société d'éducation* du 15 février, dispose ainsi dans son article 3 :

« Les articles suivants sont ajoutés à l'arrêté ministériel du 18 janvier 1889.

Art. 271. « Le Comité départemental d'hygiène sera toujours consulté « par l'inspecteur d'Académie sur les conditions d'installation et sur l'état « de salubrité des locaux affectés aux écoles primaires privées pour « lesquelles il est fait une déclaration d'ouverture. »

Cette disposition n'implique pas qu'une opposition ne puisse pas être jugée sans que le Conseil d'hygiène ait été consulté ; elle implique encore moins que l'administration jouisse, dans le but de faire délibérer le Conseil d'hygiène, d'une prolongation du délai d'un mois, dans lequel l'opposition doit, sous peine de péremption, être jugée. Elle implique seulement qu'en fait, il y a maintenant, à côté de toute opposition, un avis du Conseil d'hygiène. (M. Bonnet.)

II. — Brevet de capacité (absence de).

Dans l'affaire Dupont, école de Saint-Morel (*Bulletin* du 15 septembre 1889, p. 570), le Conseil supérieur, le 22 juillet 1889, a reconnu que l'opposition était fondée sur le défaut prétendu de brevet de capacité ; que ce débat n'intéressait aucunement les bonnes mœurs et l'hygiène ; qu'il s'agissait uniquement de savoir si la déclaration de la dame Dupont était ou n'était pas recevable ; qu'en conséquence, l'inspecteur d'Académie était incompétent pour faire opposition, et le Conseil départemental pour statuer.

III. — Communication de pièces.

Pendant l'intervalle qui s'écoule entre la citation et la séance du Conseil, le préfet a le devoir de communiquer les pièces, sans déplacement, à l'intéressé ou à son représentant. Ce devoir n'est pas écrit dans les textes, il ne l'est même pas dans la Circulaire ministérielle du 31 mai 1889. Mais il résulte de ce que la loi veut un débat contradictoire ; le débat n'aurait pas ce caractère si l'une des parties ignorait les pièces que l'autre a réunies et qui doivent, le décret le dit (art. 163), être soumises au conseil.

La communication doit être à la disposition de l'intéressé dès le jour de la citation ; le délai de citation est, en effet, devant toutes les juridictions, celui qui est jugé nécessaire pour préparer la défense ; or, la préparation de la défense ne peut commencer que sur le vu des pièces du procès. C'est ainsi que le décret du 7 décembre 1886 prescrit d'agir pour les mesures disciplinaires ; l'analogie est frappante. Il n'y aurait pas lieu pour l'Administration d'objecter que, devant le Conseil supérieur, le dossier et le rapport ne sont tenus à la disposition des intéressés que pendant un jour franc (art. 5 du décret du 11 mai 1880) ; ce jour franc est, devant la haute juridiction, le délai de citation, délai trop bref assurément, mais imposé par la marche à la fois compliquée et rapide des opérations du Conseil supérieur; la défense devant le Conseil supérieur se trouve d'ailleurs préparée par la communication, même faite en première instance. Nous citerons, parmi les pièces dont la communication doit être exigée, le rapport préparé par un membre du Conseil, et l'avis du conseil d'hygiène prescrit par l'arrêté ministériel du 18 janvier 1893.

La sanction du défaut de communication ou de son retard nous paraît devoir être la même que celle de l'inobservation du délai de huitaine dans la citation. Mais, pour obtenir cette sanction, l'intéressé doit d'abord s'assurer la preuve de l'infraction. Il faudra donc : ou qu'il se fasse écrire par le préfet ou l'inspecteur d'Académie le refus de communication, ou qu'il fasse constater ce refus par huissier. A sa comparution devant le Conseil départemental, il demandera que la communication lui soit faite, que le temps de s'en servir lui soit donné : et si le droit fait à cette demande rejette la séance du jugement au delà d'un mois qui a commencé à courir à l'opposition, la péremption surviendra; l'Administration devra la subir. S'il n'est pas fait droit à la demande de communication, ou si elle n'est accordée que pendant quelques heures, et que le Conseil départemental veuille absolument juger le jour même, l'intéressé discutera comme il pourra, mais aura soin, avant tout, de faire insérer au procès-verbal des réserves qui lui permettent de soumettre au Conseil supérieur la question de la communication. Puis, en cas de décision défavorable sur le fond, il appellera devant le Conseil supérieur, en concluant principalement à l'annulation du jugement du Conseil départemental pour violation des droits de la défense, et à la péremption de l'opposition, subsidiairement à la mainlevée de l'opposition examinée au fond. (M. Bonnet.)

IV. — Composition du Conseil départemental.

Ce point est traité dans les articles 44 à 47 de la loi du 30 octobre 1886 et dans le règlement des élections, du 12 novembre 1886, qu'a publié, sous l'article 47 de la loi, le commentaire donné par la Société d'éducation (*Bulletin* du 15 décembre 1886). Les résultats des élections au Conseil sont obligatoirement publiés dans le Bulletin départemental de l'instruction primaire ou dans le Recueil des actes administratifs de la préfecture. Les désignations que fait le ministre de deux inspecteurs primaires, pour compléter le tribunal, ne sont soumises qu'à la transcription sur le registre des délibérations du Conseil, dont nul ne peut avoir communication sans autorisation (art. 147 et 148, décret du 18 janvier 1887). En fait, nous l'espérons, elles sont également annoncées dans les recueils administratifs.

« Pour les affaires contentieuses ou disciplinaires intéressant les membres « de l'enseignement privé, dit l'article 44 de la loi du 30 novembre 1886, « deux membres de l'enseignement privé, l'un laïque, l'autre congréganiste, « élus par leurs collègues respectifs, seront adjoints au Conseil départe- « mental. »

Il importe que cette disposition soit rigourement observée. — Une recherche dans les recueils administratifs fera connaître les noms des représentants de l'enseignement privé.

Le Conseil supérieur a eu quatre fois à statuer, en 1888, sur des jugements rendus sans le concours des délégués de l'enseignement privé (*Bulletin de la Société d'éducation* du 15 août 1888, p. 551 et 552; *Bulletin* du 15 février 1889, p. 109 et 113).

Il a annulé trois jugements en considérant « que cette irrégularité avait « pour effet d'enlever à la déclarante une des garanties essentielles que la loi « organique a entendu assurer aux instituteurs privés.

« Mais considérant, d'autre part, que l'affaire est en état, le Conseil décide « qu'il la retient pour statuer au fond. »

Ces termes du jugement Cohendet, du 21 juillet 1888, ont été à peu près reproduits dans les affaires Volle et Communal du 29 décembre 1888, et, dans les trois affaires, l'opposition a été maintenue. (M. Bonnet.) (1).

V. — Déclaration au maire.

Dans l'affaire Laravoire, école d'Essert-Esery (*Bulletin* du 15 mars 1892, p. 211), le Conseil supérieur, le 26 décembre 1891, décide qu'il n'est pas nécessaire que la déclaration d'ouverture d'école soit faite au maire personnellement, et qu'il suffit qu'elle soit faite à la personne qui supplée régulièrement le maire.

VI. — Délai d'appel.

Lorsque l'opposition a été levée par le Conseil départemental, l'instituteur privé peut ouvrir son école pendant le délai d'appel, alors que l'appel n'est pas encore formé, sauf à la fermer quand l'appel est interjeté et qu'il en a reçu notification, s'il émane de l'inspecteur d'Académie, ou qu'il en a connaissance certaine, s'il émane du maire (article 39, loi du 30 octobre 1886, 165, du décret du 18 janvier 1887.)

Dans ce sens, affaire Sœur Marie-Perpétue, Cour d'appel d'Aix, 22 décembre 1887 (*Bulletin* du 15 février 1888) ; — affaire Gendron, Cour d'appel d'Orléans, 21 février 1888 (*Bulletin* du 15 mai 1888, p. 352). — V. Dalloz répertoire V° Appel civil, n° 1204; Pigeau Comm. t. II, p. 35; Boitard, t. III, p. 69; Carré et Chauveau, question 1652 bis).

VII. — Dossier

Le dossier doit comprendre les pièces suivantes : l'opposition du maire ou de l'Inspecteur d'académie; — copie de la notification de l'opposition à l'intéressé ; — arrêté préfectoral désignant le rapporteur de l'affaire ; — copie de la citation à comparaître devant le conseil départemenal; — copie de la convocation des deux membres de l'enseignement libre; — mémoires et certificats produits devant le conseil départemental, avec mention des membres présente à

(1) Voyez affaire Decultieux citée plus loin, § IX in fine.

la séance ; — appel au Conseil supérieur ; — mémoires et certificats produits à l'appui de l'appel, s'il y a lieu. (Circulaire du 31 mai 1889, *Bulletin* du 15 juillet 1889, p. 441.)

VIII. — Enquête, supplément

Dans l'affaire Daval, école de la Chaise-Dieu (*Bulletin* du 15 décembre 1893 p. 793) le Conseil supérieur reconnaît (à tort croyons-nous) le droit d'ordonner un supplément d'enquête dans une question de propriété des locaux scolaires.

IX.— Formalités substantielles — Rapport écrit

Le décret du 29 juillet 1850 (D. P. 50. 4. 187) contient l'indication de formalités substantielles dont l'inobservation entraîne la nullité de la décision. Ainsi le rapport doit être fait par écrit au Conseil supérieur (art. 8). L'article 25, relatif aux conseils départementaux, est conçu en ces termes : « Pour chaque affaire, le Conseil désigne un rapporteur qui fait son rapport à la plus prochaine réunion du conseil. »

Le Conseil supérieur de l'Instruction publique décide que ce rapport doit être *écrit*. Comment la juridiction d'appel pourrait-elle l'apprécier, s'il en était autrement?

La circulaire du 31 mai 1889 (*Bulletin* 15 juillet 1889, p. 441 et commentaire p. 420), rappelle qu'aux termes du décret du 18 janvier 1887 le rapporteur doit être désigné par le préfet, et non plus comme autrefois par le Conseil départemental. Cette formalité est essentielle et doit être accomplie à peine de nullité (24 décembre 1885 affaire Vibert, Licques, — 26 juillet 1886 affaire Bled, — 6 janvier 1887 affaire Viaud).

Le rapporteur est tenu de faire un rapport écrit, et ne doit pas se borner à un rapport oral. Le rapport est une pièce essentielle de la procédure, et il doit faire partie du dossier (6 janvier 1887, affaire Aly).

Dans l'affaire Bled, école de Ligny-le-Châtel (*Bulletin* du 17 août 1886), le Conseil supérieur, le 26 juillet 1886, annule la sentence frappée d'appel pour défaut de nomination d'un rapporteur et de notification aux intéressées, inobservation des prescriptions « essentielles » des articles 25 et 29 du décret du 29 juillet 1850.

Dans l'affaire Viaud, école de Saint-Jean-de-Maurienne (*Bulletin* du 15 mars 1887, p. 223), le Conseil supérieur, le 6 janvier 1887, déclare nulle la décision du Conseil départemental parce que ledit Conseil « a omis de désigner un rapporteur qui fît son rapport à la prochaine séance, conformément aux prescriptions de l'article 25 du décret du 29 juillet 1850. »

Dans l'affaire Aly, école de Lacépède (*Bulletin* du 15 mars 1887, p. 221), le Conseil supérieur, le 6 janvier 1887, annule la décision frappée d'appel en considérant que, dans sa séance du 22 octobre 1886, le Conseil départemental de Lot-et-Garonne, au lieu de désigner un rapporteur qui fît son rapport à la plus prochaine réunion, s'est borné à *entendre le rapport* oral d'un de ses membres et a statué immédiatement sur les conclusions de ce rapport; que cette *omission d'une des prescriptions obligatoires* du décret du 29 juillet 1850, bien qu'acceptée et même sollicitée par la déclarante en *vue de gagner du temps*, constitue un vice de forme des plus caractérisés.

Dans l'affaire Doche, école de Savigny (*Bulletin* du 15 février 1890, p. 114), le Conseil supérieur, le 27 décembre 1889, infirme la décision frappée d'appel en considérant que, dans sa séance du 21 octobre 1889, « le Conseil départemental de la Haute-Savoie s'est contenté d'une déclaration verbale du rapporteur désigné par le préfet, et que cette absence d'un rapport écrit constitue un vice de forme manifeste ».

La partie doit être, à peine de nullité, citée à comparaître devant le Conseil départemental (déc. du 7 octobre 1850, art. 4, et loi du 30 octobre 1886, art. 39).

La présence de la moitié plus un des membres du Conseil est obligatoire et doit être mentionnée (art. 9 et 23 du décret du 29 juillet 1850, art. 49 du décret du 30 octobre 1885).

Il faut observer les art. 162 et suivants du décret du 18 janvier 1887 — désignation d'un rapporteur — invitation de comparaître adressée au déclarant huit jours avant la séance, notification dans les huit jours, etc.

Deux membres de l'enseignement privé doivent faire partie du Conseil départemental (art. 44, loi du 30 octobre 1886).

Les pièces constatant l'accomplissement des formalités légales doivent être revêtues d'un visa, et le procès-verbal de la séance du Conseil départemental doit donner, à peine de nullité, les noms des membres présents. Conseil supérieur, 21 juillet 1888, aff. Drouin, école de Vignon (*Bulletin* du 15 septembre 1888, p. 612, art. 8, § 4, loi du 30 octobre 1886).

Dans l'affaire Decultieux, école de Saint-Pol (*Bulletin* du 15 août 1888, p. 552), le Conseil supérieur, le 21 juillet 1888, déclare qu'aucun membre laïque de l'enseignement privé n'a été adjoint au Conseil départemental comme le prescrit l'article 44 de la loi du 30 octobre 1886, mais que cette irrégularité doit être excusée, attendu que l'élection qui avait eu lieu n'avait donné aucun résultat.

X. — Invitation adressée au déclarant de comparaitre ou de se faire représenter au Conseil départemental

D'après l'article 162 du décret du 18 janvier 1889, cette invitation doit être faite huit jours avant le jour fixé pour le jugement. L'omission de cette formalité ou son exécution dans un délai inférieur à huit jours est une cause de nullité (24 décembre 1885, affaire Liques. — 6 janvier 1887, affaire Viaud).

XI. — Libellé de la décision. — Mentions, modifications

La Circulaire du 31 mai 1889 (*Bulletin* du 15 juillet 1889, p. 441, Commentaire p. 420) s'exprime ainsi :

Mention doit être faite dans le libellé du jugement de la présence des deux membres de l'enseignement privé ou de leur convocation : mention doit être faite aussi de la présence de la moitié plus un des membres du Conseil (décisions du 25 juillet 1884, affaire Dubanton ; du 27 décembre 1884, affaire Ledet; du 24 décembre 1885, affaire Liques, affaire Vibert; du 6 janvier 1887, affaire Viaud).

Notification de la décision du Conseil départemental doit être faite à la partie dans le délai de huit jours par les soins du préfet, au déclarant et à l'auteur de l'opposition. L'omission de cette formalité entraîne la nullité (décisions du 24 juillet 1885, affaire Bagot; du 25 juillet 1885, affaire Delisle; du 26 juillet 1886, affaire Bled). La notification doit être accompagnée de l'avis que la partie a le droit de se pourvoir devant le Conseil supérieur dans les dix jours à partir du jour où la décision du Conseil départemental lui a été notifiée.

XII. — Modifications futures dans les locaux (ne doivent pas être prises en considération les)

La circulaire du 31 mai 1889 (*Bulletin* du 15 juillet 1889, p. 441, Commentaire p. 420) s'exprime ainsi : Ils (les Conseils départementaux) doivent se borner à apprécier si oui ou non l'opposition était fondée au moment où elle a été faite, et par conséquent à la maintenir ou à la lever. Ils n'ont pas à la maintenir pour un délai déterminé (décision du 28 décembre 1888, affaire Exartier). Ils n'ont pas davantage à prescrire, comme condition de la levée de l'opposition, tels ou tels travaux (décision du 24 mars 1887, affaire Rescanières). Il résulte des décisions du Conseil supérieur que l'opposition faite par l'autorité compétente doit être jugée en elle-même, et dans les conditions où elle a été faite. Si certaines modifications aux plans produits, si certains travaux dans les locaux déclarés sont de nature à permettre l'ouverture de l'école, l'intéressé les fera exécuter, et fera ensuite une nouvelle déclaration d'ouverture.

Il n'appartient pas au Conseil départemental d'abréger ou de simplifier les formalités prescrites par les règlements, même à la demande des intéressés. Il faut que toutes les formalités qui sont des garanties soient strictement accomplies (décision du 6 janvier 1887, affaire Aly).

Dans l'affaire Rescanières, école de Lormes (*Bulletin* du 15 mai 1887, p. 319), le Conseil supérieur décide, le 24 mars 1887, que si, au moment où le Conseil départemental a statué, certaines transformations avaient été opérées, d'autres étaient encore à faire, si, par exemple, le cercle, dont la présence dans la même maison que l'école pouvait avoir de grands inconvénients, n'avait pas encore disparu, le Conseil départemental n'avait pas à prescrire l'exécution de certains travaux pour justifier la décision par laquelle il levait l'opposition; qu'il aurait dû se borner à examiner si, oui ou non, l'opposition était fondée, et qu'en agissant autrement il est sorti de ses attributions; que l'opposition à l'ouverture de l'école était fondée, ainsi que le Conseil départemental l'a lui-même reconnu, puisqu'il n'en a prononcé la levée que sous certaines conditions.

Dans l'affaire Lafage, école de Villemur (*Bulletin* du 15 mars 1893, p. 190), le Conseil supérieur, le 28 décembre 1892, a prononcé la mainlevée d'une opposition en considérant que « c'est à tort que le Conseil départemental a subordonné sa décision à un engagement à prendre pour le déclarant et qu'il aurait dû maintenir ou lever purement et simplement l'opposition ».

L'engagement, dans l'espèce, consistait à n'entretenir qu'un nombre déterminé d'animaux dans une porcherie voisine de l'école.

XIII. — Opposition

La circulaire du 31 mai 1889 (*Bulletin* 15 juillet 1889, p. 441, et commentaire, p. 420) résume ainsi les règles à suivre :

A qui appartient le droit d'opposition? — La loi est très nette sur ce point ; peuvent seuls faire opposition à l'ouverture d'une école privée le maire et l'inspecteur d'académie. Le maire la fait toujours d'office. L'inspecteur peut la faire d'office ou sur la plainte du procureur de la République (art. 37 et 38 de la loi du 30 octobre 1886).

De quelle nature doivent être les motifs de l'opposition? — En thèse générale, ils ne peuvent être tirés que de l'intérêt des bonnes mœurs et de l'hygiène. Mais, lorsqu'il s'agit d'un instituteur public révoqué, et voulant s'établir comme instituteur privé dans la commune où il exerçait, l'opposition peut être faite dans l'intérêt de l'ordre public (art. 38 de la loi du 30 octobre 1886). Il importe de remarquer que, dans ce cas, l'opposition doit être faite par l'inspecteur d'académie et ne peut être faite que par lui.

Dans quel délai doit être faite l'opposition ? — Si elle émane du maire, elle doit être faite dans le délai de huit jours ; si elle émane de l'inspecteur d'académie, elle doit l'être dans le délai d'un mois.

Quelle est l'origine du délai ? — Quand il s'agit de l'opposition formée par le maire, ce délai court à dater du jour même de la déclaration. Ceci résulte sans contestation possible du texte de l'article 37 de la loi. Le maire est tenu de recevoir toute déclaration régulière, et d'en remettre *immédiatement* récépissé au postulant. Quand il s'agit de l'opposition formée par l'inspecteur d'académie, le délai court à dater du jour où il a éte délivré récépissé des pièces qui doivent lui être adressées par l'intéressé (articles 158 et 160 du décret du 18 janvier 1887).

Il importe de remarquer ici que ce récépissé doit être délivré aussitôt que les pièces ont été reçues et leur régularité constatee par l'inspecteur d'académie. L'esprit de la loi ne permet aucun doute à cet égard. La loi a voulu qu'opposition pût être faite par l'inspecteur d'académie pendant le délai d'un mois, mais seulement pendant ce délai. En retardant la délivrance du récépissé prescrit par l'article 158 du décret du 18 janvier 1887, l'inspecteur d'académie augmenterait arbitrairement le délai pendant lequel il a le droit d'opposition et se mettrait manifestement en contradiction avec les intentions du législateur.

Aux termes des articles 157 et 161 du décret du 18 janvier 1887 qui, d'ailleurs, ne fait que reproduire une disposition des règlements antérieurs, mention doit être faite, sur la notification de l'acte d'opposition à l'intéressé, des motifs de l'opposition, que cette opposition soit faite par le maire ou par l'inspecteur d'académie. C'est une formalité essentielle et son omission a été considérée par le Conseil supérieur comme une cause de nullité (décision du 25 juillet 1884, affaire Gautier).

Le Conseil a de même retenu comme cause de nullité le fait par le maire d'avoir rédigé en termes différents l'acte d'opposition signifié à l'intéressé et le même acte notifié aux autorités compétentes (décision du 28 décembre 1888, affaire Hocquard).

XIV. — Opposition (motifs) : Hygiène, bonnes mœurs (article 37 de la loi du 30 octobre 1886).

1° *Litige relatif à l'établissement.*

Dans l'affaire Warnet, école de Zutkerque (*Bulletin* du 15 septembre 1887, p. 620), le Conseil supérieur, le 29 juillet 1887, lève l'opposition en considérant que la décision du Conseil départemental est fondée sur cette raison que Mme Warnet n'a pas fourni la preuve que le local dans lequel elle demande à ouvrir une école privée n'est pas la propriété de la commune ;

Que, même dans le cas où la commune aurait revendiqué cette propriété, il appartiendrait aux tribunaux de décider entre les deux parties et que ni le Conseil départemental ni le Conseil supérieur n'ont à en connaître ;

Que cependant une protestation de la commune et une action intentée par elle en revendication de l'immeuble en litige auraient pu justifier l'opposition à l'ouverture de l'école jusqu'à ce que les tribunaux eussent statué et afin de prévenir des désordres graves.

Dans l'affaire Daval, école de la Chaise-Dieu (*Bulletin* du 15 décembre 1893, p. 793), le Conseil supérieur se reconnaît au contraire compétent pour statuer sur une question de propriété ; il lève une opposition, après enquête ordonnée, en considérant qu'il résulte d'une dépêche du Préfet de la Haute-Loire que les cabinets d'aisance litigieux font partie des locaux de l'école et sont à l'entière disposition du déclarant.

La même théorie est adoptée dans l'affaire Tavennec, école de Mahalon. Le Conseil affirme, il est vrai, qu'il n'existe en réalité ni contestation, ni litige véritable.

Le 22 juillet 1893 (*Bulletin* du 15 décemdre 1893, p. 801), la mainlevée d'une opposition est prononcée par infirmation :

Attendu que la décision du Conseil départemental est fondée sur ce que le local indiqué par l'appelante comme siège de l'école qu'elle se propose d'ouvrir n'est pas disponible comme étant affecté à une école communale ;

Attendu que si, en effet, ce local construit par la commune avec ses ressources propres, les subventions de l'État et du département et les souscriptions volontaires des habitants, a été affecté à une école publique, il n'a jamais été la propriété de la commune, ayant été édifié sur un terrain appartenant à un tiers qui ne lui en a, par aucun acte, cédé ni abandonné la propriété ;

Attendu que ce tiers, ayant déclaré vouloir reprendre la possession du terrain dont il n'a jamais cessé d'être propriétaire, à la charge par lui acceptée de payer une indemnité à la commune pour les constructions qu'elle a élevées, dans les termes de l'article 555 du code civil, cette déclaration faite par acte d'huissier et contenant en outre sommation au maire d'avoir à enlever le mobilier scolaire appartenant à la commune, n'a pas été contredite au nom de celle-ci ;

Qu'au contraire elle a été formellement acceptée par le Conseil municipal, suivant délibération du 27 novembre 1892, autorisant le maire à nommer un expert pour le règlement de l'indemnité due à la commune;

Attendu que l'appelante occupe les lieux en vertu d'un bail authentique qui lui a été consenti par le propriétaire.

Considérant qu'aucune contestation n'a été ni n'est actuellement élevée par une personne ayant qualité à cet effet contre la propriété du bailleur;

Que, dans ces conditions, il est inexact de dire que l'appelante n'a pas la disponibilité des locaux où elle se propose d'ouvrir son école.

Mais la Jurisprudence du Conseil supérieur est fixée maintenant dans le sens de l'incompétence absolue.

Dans l'affaire Rescanières, école de Lormes (*Bulletin* du 15 septembre 1887, p. 623), le Conseil supérieur, le 29 juillet 1887, lève une opposition fondée sur un motif « inspiré par des considérations étrangères aux questions d'hygiène et de bonnes mœurs pour lesquelles seules, aux termes de la loi du 30 octobre 1886, le maire d'une commune peut faire opposition ».

Dans l'affaire Dutertre, école de Saint-Florentin (*Bulletin* du 15 février 1891, p. 122), le Conseil supérieur, le 27 décembre 1890, lève une opposition en considérant dans sa sentence infirmative « que la décision du Conseil départemental se fonde uniquement sur ce que la propriété du local où doit être établie l'école projetée forme l'objet d'un procès actuellement pendant...; que la question de savoir à qui le local appartient n'intéresse ni l'hygiène, ni les bonnes mœurs, et que l'ouverture de l'école ne préjuge en aucune façon les décisions à rendre par les tribunaux compétents ».

Dans le même sens, affaire Rouyer, école de Chomelix, 27 décembre 1890 (*Bulletin* du 15 février 1891, p. 123). Affaire Pessey, école de Sciez, 27 juillet 1891 (*Bulletin* du 15 septembre 1891, p. 687).

Dans l'affaire Constant, école de Montdragon, 4 juin 1891 (*Bulletin* du 15 juillet 1891, p. 513), une opposition est levée par le motif que le grief tiré de l'état litigieux de l'immeuble n'est de la compétence ni du Conseil départemental ni du Conseil supérieur.

Dans l'affaire Boyenval, école de Rouen (*Bulletin* du 15 janvier 1896, p. 841), le Conseil supérieur, le 22 juillet 1895, lève l'opposition en considérant que le Conseil départemental a dit la déclaration de la dame Boyenval non recevable comme ayant été faite par une personne n'ayant aucun droit d'occuper les locaux où elle se proposait d'ouvrir son école, ou tout au moins dont le droit était d'ores et déjà contesté par la ville de Rouen, propriétaire de ces locaux; que la dame Boyenval justifie qu'en utilisant ces locaux pour l'ouverture d'une école elle use, avec l'assentiment du curé de la paroisse de Saint-Vincent, du droit qui a été concédé à celui-ci par une convention du 1er juillet 1864; qu'à la vérité la ville de Rouen prétend être actuellement en droit d'en reprendre la jouissance;

Mais, qu'en fait la ville de Rouen ne justifie d'aucune instance judiciaire antérieure à la déclaration tendant à faire reconnaître ce droit, et que celle qu'elle a ultérieurement introduite n'a pas réussi; qu'en droit, le Conseil départemental ni le Conseil supérieur n'ont aucune compétence pour statuer sur des questions de propriété, de jouissance ou d'interprétation de conventions et qu'ils doivent se prononcer selon le *statu quo*, tous les droits étant réservés;

Que d'ailleurs, le Conseil départemental et le Conseil supérieur n'ont pas à statuer sur la recevabilité de la déclaration d'ouverture d'école, mais uniquement sur le mérite de l'opposition formée contre la déclaration;

Que les causes d'opposition alléguées, dans l'espèce, par l'inspecteur d'académie, ni celles qui ont été admises par le Conseil départemental, ne sont au nombre de celles qui sont visées par l'article 38 de la loi du 30 octobre 1886.

Dans l'affaire Bezacier école de Frontonas, (*Bulletin* du 15 mars 1896, p. 174), le Conseil supérieur, le 17 janvier 1896, lève l'opposition en considérant qu'elle n'est pas fondée sur des raisons tirées de l'hygiène ou de l'intérêt des bonnes mœurs; que s'il est allégué la crainte que l'ordre public ne soit troublé à raison des contestations qui menacent de s'élever sur la question de la propriété des locaux où doit s'ouvrir l'école, ce n'est pas pour un cas de ce genre que la loi admet l'opposition dans un intérêt d'ordre public; que vainement on fait valoir que l'école serait ouverte dans les locaux dépendant d'une fondation dont les conditions seraient ainsi méconnues; qu'en effet, le Conseil n'a pas plus qualité pour interpréter les titres et en assurer l'exécution que pour connaître des réclamations relatives à la propriété, tous les droits demeurant réservés à cet égard.

Dans l'affaire Jean Martin, école de Lurcy-Lévy. Allier (*Bulletin* du 15 mars I896, p. 180), le Conseil supérieur, le 18 janvier 1896, lève une opposition fondée sur ce motif que les locaux scolaires seraient exposés à des modifications résultant d'une contravention prétendue à un arrêté d'alignement. Le Conseil considère que, d'un commun accord, l'état des locaux destinés à servir d'école ne présente actuellement aucune cause constatée d'insalubrité; que l'opposition se base uniquement sur les modifications qui pouvaient être apportées aux locaux à la suite d'un procès en cours; que les locaux destinés à servir d'école doivent être jugés en appréciant exclusivement l'état dans lequel ils se trouvent au moment où est formulée l'opposition, que l'existence d'un litige ne suffit pas à justifier celle-ci. (Décision analogue, affaire Pouzin école de Montmiral (Drôme), le 23 juin 1896.)

Ainsi les locaux doivent être, d'après la jurisprudence, jugés selon leur état actuel, non seulement lorsque des changements futurs pourraient les améliorer, mais aussi dans le cas contraire, c'est-à-dire quand ils pourraient être rendus moins salubres par des événements à venir. Il n'y a donc pas à distinguer entre les deux cas.

L'affaire Warnet, citée plus haut, contient ce passage :

« Considérant que cependant une protestation de la commune et une action intentée par elle en revendication de l'immeuble en litige auraient pu justifier l'opposition à l'ouverture de l'école jusqu'à ce que les Tribunaux eussent statué, et afin de prevenir des désordres graves... »

Dans les débats de l'affaire Boyenval, il a été reconnu que cette phrase n'était qu'une considération hypothétique, sans lien direct avec les faits du procès.

Dans l'affaire Juif, pensionnat de Jussey, il a été jugé que l'opposition du maire à l'ouverture d'un pensionnat primaire libre, fondée sur ce que l'immeuble appartiendrait à la Commune, et sur ce que l'autorité municipale ne consent pas à ce qu'un pensionnat y soit établi, ne saurait être accueillie. (Décision du 23 décembre 1885 ; Dalloz, Codes administratifs annotés, v° Enseignement, n° 2159 ; *Bulletin*, 1886, p. 53).

Dans cette affaire, le Conseil supérieur semble exiger du déclarant la justification actuelle d'un droit de propriété ou de jouissance sur l'immeuble. C'est, à notre avis, s'écarter des termes étroits de l'article 38.

L'arrêt est conçu en ces termes :

« Considérant qu'il résulte des termes mêmes de l'opposition *fondée non sur l'insuffisance* ou sur l'état du local, lequel est reconnu réunir les conditions exigées par les règlements, mais uniquement sur ce que *l'immeuble appartient à la commune de Jussey* et que l'autorité municipale ne *consent pas à ce qu'un pensionnat y soit établi;*

Considérant que le sieur Juif produit : 1° une convention en date du 7 juin 1853, passée entre la ville de Jussey et l'Institut des Frères de la doctrine chrétienne, de laquelle il résulte que la ville de Jussey a affecté à perpétuité l'immeuble indiqué « tel que la commune en a joui ou dû jouir jusqu'alors » au logement des Frères et à la tenue de leurs classes; 2° un arrêt de la Cour de Besançon en date du 1er février 1882 qui, reconnaissant la valeur de la convention, oblige la commune de Jussey à en exécuter les clauses ;

Considérant que le déclarant justifie ainsi, par titres réguliers, de son droit de jouir du local indiqué ; qu'on ne saurait dès lors exiger de lui qu'il en justifie autrement et qu'une simple dénégation du maire de Jussey ne saurait suffire pour mettre en échec un droit établi par titres auxquels provision est due, sauf à lui à se pourvoir devant la juridiction compétente, s'il estime que le sieur Juif excède, en établissant un pensionnat, les droits que lui confère la convention de 1853 ;

Infirme la délibération susvisée du conseil départemental de la Haute-Saône ;

Et, retenant l'affaire, attendu qu'elle est en état, lève l'opposition faite par le maire de Jussey le 29 septembre 1884.

2° *Local et caractère de l'école non désignés.*

Dans l'affaire Colmont, école de Viels-Maisons (*Bulletin* du 15 mars 1892, p. 208), le Conseil supérieur, le 26 décembre 1891, confirme une mainlevée d'opposition en considérant qu'aux termes de l'article 37 de la loi du 30 octobre 1886 le maire ne peut former opposition que s'il juge que le local n'est pas convenable pour raisons tirées de l'intérêt des bonnes mœurs et de l'hygiène ;

Que le maire a fondé son opposition sur ce fait que Mme Colmont ne désignait ni le caractère de l'école projetée, ni le local où elle se proposait de l'établir ;

Que l'obligation imposée au déclarant de fournir certaines pièces n'est pas sanctionnée par le droit pour les représentants de l'administration de former opposition ;

Qu'ils pourraient refuser de délivrer le récépissé dont la production fait courir le délai d'opposition.

XV. — Opposition, motifs, similitude

Dans l'affaire Malet, école de Mantry (*Bulletin* du 15 mars 1892, p. 209), le Conseil supérieur, le 26 décembre 1891, confirme une mainlevée d'opposition en considérant que l'acte d'opposition transmis par le maire de Mantry au préfet du Jura et à l'inspecteur d'académie n'est pas formulé dans les mêmes termes que l'acte d'opposition notifié par lui à la dame Malet, et que cette procédure est contraire aux prescriptions de l'article 159 du décret du 18 janvier 1887. (Voir article IX, affaire Gautier.)

Dans l'affaire Thorel, école de Gisors (*Bulletin* du 15 avril 1895, p. 247), le Conseil supérieur, le 28 décembre 1894, lève l'opposition en considérant que ce n'est pas motiver une opposition que de dire d'une façon générale qu'un local ne répond pas aux exigences de l'hygiène; que le maire avait le devoir de faire savoir à la dame Thorel sur quels points l'école projetée lui paraissait insalubre ;

Que rien n'autorise à imposer aux directeurs d'écoles libres toutes les prescriptions d'un arrêté ministériel applicable seulement aux écoles publiques;

Que le texte de l'opposition transmise par le maire à l'autorité académique diffère de l'opposition communiquée par lui à la déclarante et contient seul l'énoncé des défectuosités du local qui ont motivé l'opposition, d'où il résulte que le Conseil a été saisi de griefs que la déclarante ignorait et qu'elle n'a pu ni discuter ni contester;

Que, dans ces conditions, le Conseil départemental de l'enseignement primaire de l'Eure aurait dû déclarer nulle l'opposition faite par le maire, sauf à juger au fond ainsi qu'il l'a fait;

Que le dossier est en état et qu'il y a lieu de retenir l'affaire.

Dans l'affaire Reynaud, école de Berzème (*Bulletin* du 15 juillet 1895, p. 511), le Conseil supérieur est encore plus catégorique; le 6 avril 1895, il lève une opposition par le motif suivant :

Considérant que l'acte d'opposition transmis par le maire de Berzème au préfet de l'Ardèche, le 8 décembre 1894, n'est pas formulé dans les mêmes termes que l'acte d'opposition notifié le même jour à la dame Reynaud, et que, de plus, ce dernier acte n'énonce pas les motifs de l'opposition; que de ce fait la procédure est irrégulière.....

XVI. — Opposition — Ne peut être prononcée d'office par le conseil départemental

Lorsque le Conseil départemental, en vertu de l'article 173 du décret du 18 janvier 1887, est appelé, à défaut d'opposition a l'ouverture d'un pensionnat privé, à statuer sur le nombre maximum des élèves et sur le nombre des maîtres, il ne peut faire lui-même opposition en refusant de statuer.

Ainsi jugé par le Conseil supérieur dans l'affaire Pincemin, le 21 juillet 1888 (*Bulletin* du 15 septembre 1888, p. 611).

Considérant, dit la sentence, que le conseil départemental, au lieu de fixer le nombre des pensionnaires ou de prescrire des mesures dans l'intérêt des élèves, a déclaré les locaux insuffisants;

Considérant qu'il s'est en quelque sorte substitué aux autorités compétentes pour faire opposition à l'ouverture du pensionnat;

Considérant que sa décision est entachée d'un vice de nullité, etc.....

Décision semblable, affaire Clamard, 21 juillet 1888 (*loc. cit.*, p. 612).

XVII. — Péremption de l'opposition sur laquelle il n'a pas été statué dans le délai d'un mois (art. 39 de la loi du 30 octobre 1886).

Conseil supérieur. — Affaire Cazeneuve, école de Montenaur, et Sellier, école d'Amilly, 29 juillet 1891 (*Bulletin* du 15 septembre 1891, p. 682), affaire Huguet, école de Saint-Léon, 28 décembre 1892 (*Bulletin* du 15 mars 1893, p. 193).

Dans l'affaire Huguet, le Conseil supérieur déclare formellement « que l'opposition n'ayant pas été suivie d'une décision du conseil départemental en temps utile est *nulle* et non *avenue* ».

V. aussi affaire Marson, école de Saint-Victor, 26 juillet 1894 (*Bulletin* du 15 octobre 1894, p. 609.)

La doctrine du Conseil supérieur est celle de la *péremption* de l'opposition qui n'a pas été jugée dans le délai d'un mois ; l'opposition, par le seul fait de l'expiration du délai, est anéantie : elle ne doit pas être examinée au fond ; le Conseil départemental est obligé à en donner mainlevée en se fondant sur la seule supputation des dates de l'opposition et de jugement, éloignées de plus d'un mois. « L'opposition, dit le Conseil supérieur dans les deux affaires « Cazeneuve et Sellier (1891), l'opposition, faute d'être confirmée en temps « utile, devient sans effet, de même que si, au début, elle n'eût pas été faite « dans le délai réglementaire, de sorte qu'elle est levée par le seul fait de « l'expiration du délai donné pour la confirmer, et que le déclarant rentre, par « là même, dans la plénitude de son droit. » (M. Bonnet.)

XVIII. — Tardiveté de l'opposition

Une opposition est tardive lorsqu'elle n'a pas été notifiée dans les huit jours de sa date (article 39 de la loi du 30 octobre 1886 et 159 du décret du 18 janvier 1887).

Ainsi jugé par le Conseil supérieur, le 28 décembre 1892, dans l'affaire Bouguet, école de Conliège (*Bulletin* du 15 mars 1893, p. 194).

Considérant, dit le Conseil, qu'il résulte des pièces du dossier que M. le maire de Conliège n'a signalé que le 2 septembre l'opposition faite par lui à la déclaration faite par le sieur Bouguet le 16 août ; que, par suite, les prescriptions de la loi qui exige que le maire forme, dans les huit jours, opposition à l'ouverture de l'école et en informe le postulant, n'ont pas été remplies...

Paul Griveau,
Avocat à la Cour d'appel,
Ancien Procureur de la République.

TABLE DES MATIÈRES

PRINCIPAUX MOTIFS DES OPPOSITIONS

QUESTIONS DIVERSES. — PROCÉDURE

35269 — Paris. Imprimerie F. Levé, rue Cassette, 17.

www.ingramcontent.com/pod-product-compliance
Ingram Content Group UK Ltd.
Pitfield, Milton Keynes, MK11 3LW, UK
UKHW020442220726
13923UKWH00005B/2283